Cuidemos a nuestro nuevo pez

Alejandro Algarra / Rosa M. Curto

BARRON'S

Una visita al acuario

María y su hermano Pablo fueron el sábado pasado a visitar el acuario municipal. ¡Qué bonitos son los peces que vieron allí, con sus colores y formas tan distintas! Algunos eran grandes y nadaban rápido entre las rocas. Otros, como el caballito de mar, eran más esbeltos y de movimientos más lentos. Los niños disfrutaron mucho la visita y desde hace unos días le están dando vueltas a una idea.

Un pez con bonitos colores

"Mami, María y yo hemos tenido una idea. A ver qué te parece", dice Pablo.
"¿Qué idea es esa?", dice mamá. "Nos gustó mucho la visita al acuario y hemos
pensado que nosotros también podríamos tener un pez aquí en casa". Mamá
acepta y Pablo y María dan saltos de alegría. Ahora hay que escoger qué
tipo de pez quieren. Tras consultar con un amigo, eligen la carpa
dorada. Es un pez de agua dulce de colores muy bonitos, y
además es fácil cuidarlo si se siguen unas sencillas reglas.

Cosas del acuario

Hace falta conseguir unas cuantas cosas del acuario para que la carpa se encuentre a gusto. Antes de que los niños elijan cuál quieren deben ayudar a montar en casa el acuario y todos sus elementos:

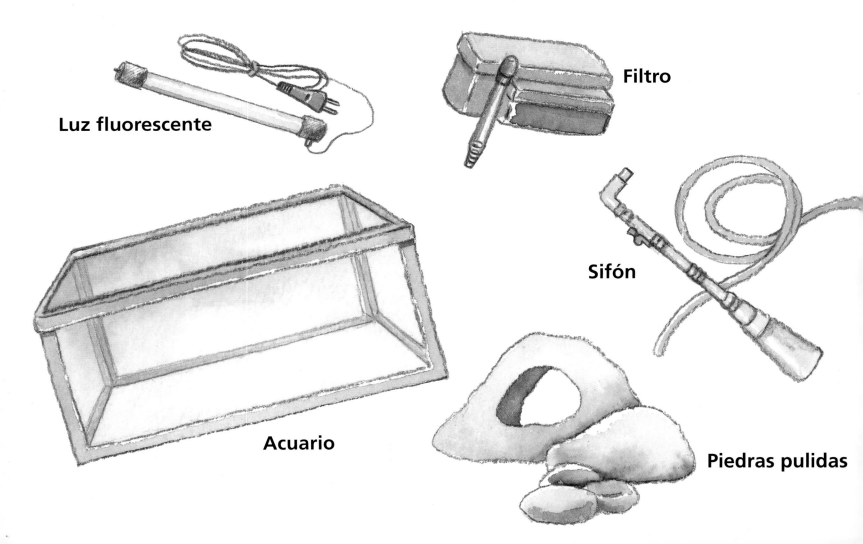

Luz fluorescente

Filtro

Sifón

Acuario

Piedras pulidas

- Acuario: Siempre de forma rectangular, nunca usar una pecera esférica. Para una carpa dorada el volumen mínimo es de 10 galones (38 litros), aunque sería preferible uno de 20 galones (76 litros).
- Sistema de filtro y aireación: El filtro debe ser potente, para limpiar toda la suciedad del acuario. El sistema de aireación crea una corriente de burbujas que oxigena el agua.
- Grava: Colocar unas 2 pulgadas (5 centímetros) de grava oscura no muy gruesa.
- Plantas: Mejor si son abundantes y robustas, ya que a la carpa le encanta comer verdura. Se deben plantar en la grava.
- Decoración: Unas piedras redondeadas y algún tronco o decoración donde el pez pueda refugiarse. Estos elementos deben comprarse en una tienda de productos para acuarios o mascotas.
- Una tapa para el acuario y una fuente de luz: Se pueden poner tubos fluorescentes.

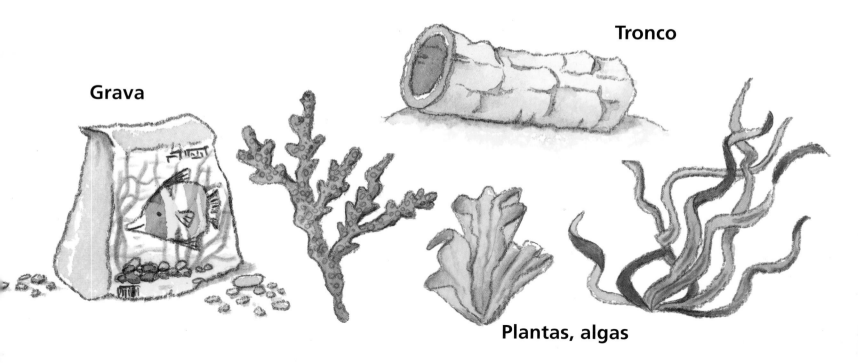

Tronco

Grava

Plantas, algas

Eligiendo nuestra carpa dorada

Pablo y María van a la tienda de animales acompañados por papá. Tienen que elegir la carpa que se llevarán a casa. Han visto una pequeñita que les ha gustado mucho y le preguntan a papá si le parece bien. "¡Es muy bonita!", dice papá. A los niños les encantan los colores que tiene: Es blanca con manchas anaranjadas por el cuerpo y la cabeza. El dueño de la tienda les dice que es una carpa dorada de tipo "cometa" y que es muy resistente.

¡Bienvenido!

Mientras lo llevan a casa, María está pensando un nombre ingenioso para la nueva mascota. Le gustaría que se llamara Goldie, y a Pablo le parece muy bien. Al llegar a casa los niños llevan la bolsa con agua donde han traído el pez y la ponen dentro

del acuario, para que Goldie se acostumbre a su nuevo hogar. Al cabo de media hora mamá usa una pequeña red para sacarlo de la bolsa y así no mezclar el agua de la tienda con la del acuario. Ahora el pez nada en su nuevo mundo. Hace ya varios días que estaba todo preparado: el agua, la grava, las plantas, y la decoración.

Un pez muy curioso

A Goldie parece que le encanta el acuario. Nada rápido entre las plantas, se esconde detrás del tronco y luego sube hacia el chorro de burbujas que salen del filtro. Los primeros días se asusta cuando alguien se acerca al vidrio o cuando levantan la tapa para darle de comer. Se esconde detrás de un tronco y espera un rato hasta que se siente más seguro. "¿Por qué se esconde?", pregunta María. "¡Porque aún no nos conoce!", le dice Pablo, "ya verás que pronto se acostumbrará a ti".

¡Es hora de comer!

Hay que darle comida a Goldie dos veces al día, y una ración extra por la mañana es recomendable. Cuando los niños vuelven del colegio la luz del acuario ya está encendida. Es un buen momento para alimentar a su pez. María toma un pellizquito de copos y los echa dentro del acuario mientras Pablo sujeta la tapa. A los peces les encanta comer, y lo estaría haciendo todo el día. Goldie ha devorado los copos en un par de minutos. Pero los niños no deben dejarse engañar, pues eso es suficiente ración para una comida. Si le dieran más, el pez se pondría enfermo de indigestión. Además, tiene plantas para comer en el acuario y a veces también le dan un poco de espinaca hervida.

Espinaca hervida

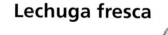

Lechuga fresca

Copos

**Bolitas con
sustancias nutrientes**

¡Ya no tiene miedo!

Goldie va acostumbrándose poco a poco a la presencia de los niños. Ya no se esconde cuando se acercan al acuario. Un día le dio una gran sorpresa a María. La niña le ofreció un trocito de espinaca hervida y Goldie se acercó a la superficie del agua y mordisqueó la verdura sin ningún miedo. "¡Papi, mira! ¡El pececito ya no tiene miedo de nosotros!" grita contenta la niña.

Un pez muy listo

A Pablo siempre le habían dicho que los peces son poco inteligentes y que no tienen memoria. Pero él sabe que eso es mentira, por lo menos en el caso de Goldie. El niño ha comprobado que su pez recuerda muy bien quiénes son él y María. Cuando alguno de ellos se acerca al acuario, Goldie se pone a dar vueltas rápidas y se acerca al vidrio, pidiendo comida. Incluso se va a la superficie del agua y abre la boca para ver si alguno de los niños le echa alimento. ¡Pero si parece que hasta distingue sus voces! En cambio, cuando vienen amiguitos a casa el pez se queda tranquilamente entre las plantas sin prestar atención.

Tareas de limpieza

Es importante mantener limpio el acuario y renovar parte del agua. Si no lo hiciéramos, las caquitas de nuestro pez se acumularían y ni siquiera el filtro podría limpiar bien el agua. Cada semana, con la ayuda de papá y mamá, Pablo se encarga de sacar un 20% del agua con un sifón especial. El cubo que usa se utiliza solamente para añadir agua al tanque. El sifón sirve también para retirar algunos restos que ensucian la grava. Mientras tanto, María pasa un imán por el vidrio para limpiar el exceso de algas. Luego ponen agua del grifo, a la misma temperatura y con unas gotas de acondicionador, y vuelven a rellenar el agua que falta.

Un nuevo compañero

A Pablo y María les encanta su carpa dorada y por eso no han tardado mucho en pedir un compañero para Goldie. "¿No crees que él se siente muy solito?", dice María. "Bueno, ¿y tú qué crees que deberíamos hacer?", contesta sonriendo papá. "…Mmm, yo creo que podríamos traerle un nuevo pececito para que juegue con él y compartan este acuario tan grande…", dice ella. La tarde siguiente llega papá a casa con una bolsa llena de agua y con una carpa dorada dentro de ella. "¡Bien!" gritan María y Pablo emocionados.

Amiguitos

El nuevo pececito es más o menos del mismo tamaño que Goldie. Es de color blanco y se ven muy bien sus brillantes escamas. Los primeros días Goldie lo persigue y parece que le mordisquea las aletas, pero pronto se acostumbra y ahora van juntos a todas partes. María le ha puesto nombre al nuevo pez: Se llama Blanquito. ¡Qué bonitas se ven sus largas colas cuando se juntan en el centro del acuario!

Una alegre sorpresa

Ha pasado el tiempo y los dos peces están la mar de contentos en su acuario. Hace poco le dieron una sorpresa enorme a toda la familia: Goldie es hembra y Blanquito es macho. Los niños se dieron cuenta porque después de que él la persiguiera durante varios días, Goldie esparció unos pequeños huevos que se quedaron pegados a las plantas. Después Blanquito los fecundó, y al cabo de dos o tres días aparecieron unos minúsculos pececitos. Muchos se los comieron sus papás, pero algunos sobrevivieron. Pablo los recoge cuidadosamente y los pasa a un tanque especial para criar peces "bebé". ¡Eso sí es una familia numerosa!

¡Eso no se hace!

Hace unos días Pablo se enteró de que una amiguita suya había soltado unos peces que tenían en casa. Los tiró a un estanque que hay cerca de la escuela. "Eso no se debe hacer nunca. Aunque te canses de tu pez, lo último que debes hacer es soltarlo en la naturaleza, o matarlo," le dijo Pablo cuando lo supo. "Y entonces, ¿qué hago con ellos si ya no los quiero?", le preguntó su amiga. "Es muy fácil: los puedes llevar a una tienda para que le busquen un nuevo dueño que sí quiera cuidarlos. ¡Algunos peces, como la carpa dorada, pueden vivir muchos años!".

La alegría de la casa

Desde el día que llegaron a casa, Goldie y Blanquito se ganaron los corazones de toda la familia. Sin darse cuenta, María y Pablo han aprendido lo divertido que es, cuidar animales y también cuán importante es respetar a todo ser viviente. Los dos peces se encuentran muy a gusto con estos niños que los quieren tanto y gracias a sus cuidados vivirán muchos muchos años con ellos. ¡Adiós Goldie, adiós Blanquito!

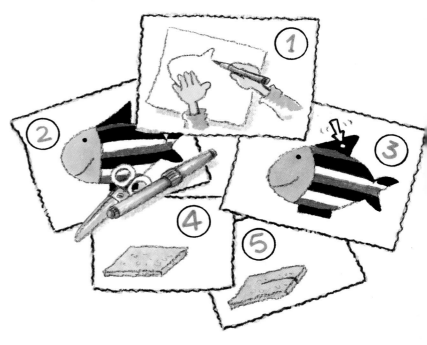

Vayamos de pesca

Material: Cubo, agua, palos de madera o plástico, hilo de pescar, cordel o lana, clips de escritorio, tapones de corcho o porexpan. Plástico duro transparente, rotuladores, rotuladores permanentes, trapo para borrar, tijeras, perforadora.

Los peces

1. Dibuja los peces con rotuladores que no sean permanentes. Borra con el trapo si te equivocas.
2. Pinta los peces con los rotuladores permanentes y recórtalos.
3. Agujerea la parte superior para poder pescarlos.
4. Corta los corchos en forma rectangular.
5. Haz un corte profundo en el corcho para poder introducir la pestaña del pez.

Las cañas

1. Ata el hilo de pescar a la punta de cada palo.
2. Ata un clip abierto al extremo de cada hilo.

Llena el cubo con agua. Pon los peces en el agua, ¡y ya puedes comenzar a pescar!

Si escribimos números del 1 al 9 debajo de cada corcho, podremos hacer sumas y el que consiga más puntos gana.

Consejos del Veterinario

UN PEZ IDEAL PARA LOS NIÑOS

En las tiendas de animales se puede encontrar una gran cantidad de peces distintos, disponibles para los aficionados a los acuarios. La mayoría necesitan una serie de cuidados muy específicos, distintos según la zona del mundo de donde procede cada especie. Muchos son muy sensibles a la temperatura, al pH del agua o al tipo de alimento. Existen especies más sencillas, aptas para aficionados principiantes y también para niños. Entre ellas destaca la carpa dorada. Es un pez muy resistente que, con cuidados adecuados, puede acompañarnos durante muchos años.

RECOMENDACIONES PARA ELEGIR UN PEZ SANO

La carpa dorada ha sido criada desde hace siglos, primero en China, luego en Japón y finalmente en Europa, donde fue introducida como pez ornamental. A lo largo del tiempo se ha obtenido un gran número de variedades, con hermosas colas, muchos colores distintos e incluso con cabezas, aletas u ojos de extrañas formas. Las variedades más comunes son muy resistentes y viven más años que las variedades más delicadas. Debemos obtener la carpa dorada en tiendas de confianza. El pez que elijamos debe tener un aspecto saludable y mostrarse activo. Hay que evitar comprar peces que parezcan enfermos, y también peces sanos si observamos otros peces enfermos o muertos en el mismo acuario, ya que el que escojamos puede estar infectado también.

EL ACUARIO

Las peceras de forma esférica no deben utilizarse bajo ningún concepto. Se ensucian muy rápidamente y el pez nunca estará a gusto en ella. Es muy importante conseguir un acuario de tamaño adecuado para que nuestra carpa dorada se encuentre en las mejores condiciones y así evitaremos el stress. Cuanto más grande sea, mejor. El volumen de agua mínimo por cada pez es de 10 galones (40 litros). Además, es necesario un filtro potente que, además de filtrar el agua la airee mediante una corriente de burbujas. El agua no necesita calefacción, la temperatura ideal es de 64° a 68°F (18°–20°C), aunque pueden soportar temperaturas inferiores (hasta 39°F o 4°C) y no toleran bien las aguas calientes (75° a 84°F o bien 24° a 29°C) típicas de los acuarios de peces tropicales. En cuanto al pH, lo ideal es mantenerlo cerca de la neutralidad (pH 7–7.5). Se puede controlar el pH y otros parámetros del agua llevando una pequeña muestra a la tienda de acuarios más cercana.

ELEMENTOS DEL ACUARIO

La grava del fondo ha de ser oscura y no debe ser muy gruesa. Se debe poner una capa de al menos 2 pulgadas (5 cm) si hay intención de colocar plantas vivas. Se puede colocar algunas piedras, cuidando que no tengan aristas con las que el pez pueda dañarse, y también alguna rama. El acuario debe tener una tapa y una fuente de iluminación. Lo mejor es utilizar la luz tenue de uno o dos tubos fluorescentes. La luz tiene que permanecer encendida entre 4 y 8 horas, como máximo. Se puede automatizar esta tarea mediante un sencillo temporizador. A las carpas doradas les encanta disponer de abundante vegetación en el acuario. Además de alimentarse con ellas, les sirve para buscar refugio cuando no quieren ser molestadas. Podemos preguntar en la tienda especializada por las especies de plantas más adecuadas, ya que no todas sirven: Algunas son delicadas y de crecimiento lento, por lo que pueden desaparecer rápidamente al ser devoradas por los peces.

COLOCACIÓN DEL ACUARIO Y TAREAS DE LIMPIEZA

El acuario se debe colocar en un lugar libre de corrientes de aire, ya que éstas pueden causar cambios bruscos de temperatura a los cuales la carpa dorada es muy sensible. Se debe evitar la exposición directa a la luz solar, pues el exceso de luz molesta a

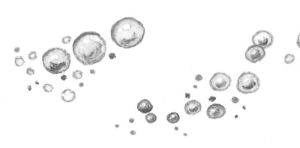

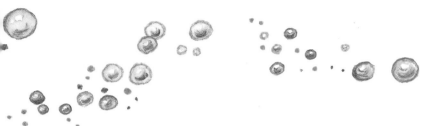

los peces y el sol calienta el agua y favorece la proliferación de algas indeseadas que oscurecen las paredes del acuario. En cuanto a la limpieza, es necesario realizar frecuentemente cambios parciales del agua, para renovarla y evitar la acumulación de toxinas. Un cambio del 20% del agua del acuario cada semana es suficiente. Es bueno aprovechar los pequeños cambios semanales de agua para limpiar un poco la grava con la ayuda de un sencillo sifón, a la venta en cualquier tienda especializada. El agua nueva que ponemos para rellenar el acuario después de cada cambio semanal debe ser tratada con unas gotas de acondicionador de agua. Este producto neutraliza el cloro y otros elementos que pueda contener el agua del grifo.

ALIMENTACIÓN

La carpa dorada es un pez omnívoro, es decir, su alimentación contiene materia vegetal y animal. Existen comidas específicas para carpas, preparadas en copos, en bolitas o en polvo, que contienen todas las sustancias nutrientes necesarias para nuestro pez. Sin embargo, conviene suministrar alimento vegetal, en forma de lechuga romana bien lavada, espinacas hervidas o bolitas especiales. La carpa dorada también se alimentará de las plantas del acuario y de algas que puedan crecer. No se debe mezclar carpas grandes con carpas pequeñas, ya que las grandes acosarían a las pequeñas. Es importante no sobrealimentar a los peces. Se les debe dar alimento preparado (copos, etc.) dos veces al día y la ración que les demos deben terminársela en

unos 2 a 3 minutos. Si queda comida pasado ese tiempo, debemos dar menos la próxima vez. Es importante prever la alimentación que recibirá nuestra carpa cuando nos vamos de vacaciones. Si no es posible encontrar a alguien que le dé de comer existen preparados especiales para alimentarla durante las vacaciones.

TAMAÑO Y LONGEVIDAD

Con estos sencillos cuidados podemos ver crecer a nuestra carpa dorada común hasta 6 a 12 pulgadas (15 a 30 cm) de longitud y puede acompañarnos 20 a 25 años, e incluso más. Las carpas de variedades especiales no suelen sobrepasar 6 pulgadas (15 cm) y viven menos tiempo.

CUIDEMOS A NUESTRO NUEVO PEZ

Primera edición para Estados Unidos y Canadá publicada
en 2008 por Barron's Educational Series, Inc.

Barron's Educational Series, Inc., tiene los derechos
exchusivos para distribuir esta edición
en Estados Unidos de Norteamérica y Canada

Original title of the book in Catalan: UNA PEZ EN CASA
© Copyright GEMSER PUBLICATIONS S.L., 2008
Barcelona, Spain (World Rights)
Author: Alejandro Algarra
Illustrator: Rosa Maria Curto

Dirigir todo consulta a:
Barron's Educational Series, Inc.
250 Wireless Boulevard
Hauppauge, New York 11788
www.barronseduc.com

Número Internacional del Libro-13: 978-0-7641-4063-1
Número Internacional del Libro-10: 0-7641-4063-9

Número de Catálogo de la Biblioteca del
Congreso de EUA 2008926844

Printed in China
9 8 7 6 5 4 3 2 1